Alexander Danylec

Total-Design-Methode nach Dillmann – Erhöhung der Akzeptanz bei Befragungen

GRIN Verlag

Bibliografische Information der Deutschen Nationalbibliothek:

Die Deutsche Bibliothek verzeichnet diese Publikation in der Deutschen National-
bibliografie; detaillierte bibliografische Daten sind im Internet über http://dnb.d-
nb.de/ abrufbar.

Impressum:

Copyright © 2005 GRIN Verlag GmbH
Druck und Bindung: Books on Demand GmbH, Norderstedt Germany
ISBN: 978-3-638-91929-6

Dieses Buch bei GRIN:

http://www.grin.com/de/e-book/70146/total-design-methode-nach-dillmann-
erhoehung-der-akzeptanz-bei-befragungen

Georg-August-Universität Göttingen

Medien- und Kommunikationswissenschaft

Seminar: Methoden der Medien- und Kommunikationsforschung

Wintersemester: 2005/06

Total-Design-Methode nach Dillmann –

Erhöhung der Akzeptanz bei

Befragungen

Schriftliche Ausarbeitung zum Referat am 07.12.2005

Bearbeitung: Alexander Danylec

Inhaltsverzeichnis   **Seite**

1. Einleitung

„Verglichen mit der persönlich-mündlichen und der telefonischen führt die postalische Befragung noch immer ein „Schattendasein"; ihr Einsatz gilt meist als „Notlösung", „als ein Kompromiß, der häufig aus finanziellen Gründen geschlossen werden muß, realiter aber nicht erstrebt wird."[1] (...) „Im allgemeinen bezieht sich die Verwendung des Begriffs „schriftliche Befragung", (...) auf die Durchführung einer Befragung, bei der Fragebögen an Befragte postalisch versandt werden mit der Bitte, diese Fragebögen auszufüllen und der Forschungsgruppe zurückzusenden. Bei solchen schriftlichen Befragungen oder „postalischen Befragungen" (Mail Survey) ist in der Befragungssituation entsprechend kein Interviewer anwesend."[2]

„Eines der zentralen Probleme der postalischen Erhebungsmethode liegt in der außerordentlichen Schwankungsbreite der Rücksendequote, die sich empirisch zwischen 10% und 90% bewegt. Vor allem bei heterogenen Stichproben, wie bei allgemeinen Bevölkerungsumfragen, ist mit einer eher niedrigen Rücklaufquote zu rechnen. Die hohe Nonresponse- Rate, die (angeblich) mit schriftlichen Befragungen verbunden ist, wird als einer ihrer wesentlichen Nachteile angesehen."[3]

Der Problematik, der „Schwankungsbreite der Rücksendequote", bei der postalischen Erhebungsmethode hat sich Don A. Dillmann angenommen.

Dillmann gilt international als Hauptmitwirkender zur Entwicklung der modernen Post, des Telefons und der Internet – Übersicht. In diesen Zusammenhang entwickelte er Neuerungen und Methoden zur Postalischen- und Telefonumfragen, wie z.B. die „Total-Design-Methode" (TDM), die ich unter anderem im Rahmen dieser Hausarbeit näher erläutert werden.

---

[1] Klein, Sabine / Porst, Rolf (2000): Mail Surveys - Ein Literaturbericht 10/2000, In: ZUMA: http://www.gesis.org/publikationen/Berichte/ZUMA_Methodenberichte/documents/pdfs/tb00_10.pdf . S. 3.

[2] Vgl. Schnell, Rainer / Hill, Paul Bernhard / Esser, Elke (1995): Methoden der empirischen Sozialforschung, München, Oldenbourg. S. 333.

[3] Klein, Sabine / Porst, Rolf (2000): Mail Surveys - Ein Literaturbericht. 10/2000. S. 3.

2. Grundlage der Total-Design-Methode

„Der Reiz des TDM-Ansatzes besteht u.a. in seiner theoretischen Plausibilität bei gleichzeitiger Handlungsorientierung: Dillmanns Idee basiert auf einfachen austauschtheoretischen Annahmen über die Wirkung winziger Veränderungen, die dem Befragten den tatsächlichen Prozess bei der Beantwortung erleichtern und ihm den Eindruck vermitteln sollen, dass seine Teilnahme wichtig ist."[4] Die TDM besteht sowohl aus einer Theorie über das Antwortverhalten, wie auch einem administrativen Plan zur Durchführung einer Umfrage. Die Administration beinhaltet, die Planung, den zeitlichen Ablauf, die Überwachung und der Kontrolle der Umfrageerstellung und- Durchführung. Dazu gehört auch:

1. Die Identifikation aller notwendigen Aufgaben,
2. Die Bestimmung ihrer gegenseitigen Abhängigkeit.
3. Die Festlegung in welcher Reihenfolge die Aufgaben erledigt werden sollen.
4. Die Entscheidung mit welcher Mittel dies geschehen soll.

„Anhand der Analyse und Umstrukturierung von Umfragekonzepten und den dazugehörigen Fragebögen soll die Teilnahmebereitschaft und das Feedback der Bevölkerung gesteigert bzw. verbessert werden."[5] Die Total-Design-Methode basiert auf der, „social exchange theory", eine Kosten - Nutz Beziehung (siehe auch 2.1).

2.1. Total-Design-Methode

Wie schon Punkt 2. erwähnt dient Dillmannn, (...) „als theoretische Ausgangsbasis die „social exchange theory" aus der sich drei Faktoren ableiten lassen, die zur Teilnahme an einer postalischen Befragung motivieren:

---

[4] Wacker, Alois (1985): Zur Wirksamkeit der Total Design Methode (TDM) nach Dillmann - am Beispiel der Hanno- verschen Absolventenstudie. In ZUMA Nr. 16: http://www.sozpsy.uni-hannover.de/pdf/r%FCcklauf-absolventenstudie.PDF. S. 3.
[5] A.a.O., S.2.

"1. Reward the respondent by *(Aufwandsminimierung)*

· showing positive regard
· giving verbal appreciation
· using a consulting approach
· supporting his or her values
· offering tangible rewards
· making the questionnaire interesting

2. Reduce costs to the respondent by *(Maximierung des Nutzens)*
· making the task appear brief
· reducing the physical and mental effort that is required
· eliminating chances for embarrassment
· eliminating any implication of subordination
· eliminating any direct monetary cost

3. Establish trust by *(Vertrauensaufbau)*
· providing a token of appreciation in advance
· identifying with a known organization that has legitimacy
· building on other exchange relationships."[6]

Das bedeutet, dass durch Aufwandsminimierung, Maximierung des Nutzens sowie Vertrauensaufbau, die Quantität und Qualität von Umfrageergebnissen gesteigert werden kann.

2.1.1. Formale Richtlinien der Total-Design-Methode

„1. Der Fragebogen wird als Booklet gedruckt
2. Das Titelblatt, sowie die letzte Seite enthalten keine Fragen
3. Die einzelnen Frageseiten werden verkleinert (vom Originalformat auf 79%)

---

[6] Vgl. Klein, Sabine / Porst, Rolf (2000): Mail Surveys - Ein Literaturbericht 10/2000. S. 28.

4. Vervielfältigung des Booklets (in Deutschland: DIN A5) auf weißem oder 'off-white' Papier, dessen Qualität dem Original möglichst nahe kommt."[7]

2.1.2. Erste Schritte

„Die Fragen, die der Befragte wahrscheinlich als sozial am nützlichsten oder wichtigsten ansieht, sollten denen, die er wahrscheinlich sozial am wenigsten nützlich oder am wenigsten wichtig einschätzt, vorangehen."[8] Besondere Aufmerksamkeit sollte der allerersten Frage geschenkt werden, da von ihr wesentlich abhängt, ob der Fragebogen eine Beachtung findet oder nicht. Neben ihrer sozialen Nützlichkeit oder Wichtigkeit sollte sie eindeutig mit der Thematik der Befragung in Verbindung stehen und für alle Befragten zutreffend, wertungsfrei, kurz (auch die Antwort betreffend), prägnant, interessant und leicht verständlich sein.

2.1.3. Reihenfolge der Frage

Auf keinen Fall soll der Fragebogen mit demographischen Fragen beginnen, da diese – am Anfang stehend - alle Aufmerksamkeit auf sich ziehen und die eigentliche, dann erst folgende Thematik als entsprechend unwichtig erscheinen lassen. Thematisch verwandte Fragen sollten zu Fragekomplexen zusammmengefaßt werden. „Die Übergänge zwischen Fragekomplexen sollten fließend sein, entweder durch thematische Verknüpfungen oder durch sinnvolle Überleitungen. „Heikle" sollten auf weniger verfängliche Fragen folgen, jedoch nicht ganz an den Schluß des Fragebogens gestellt, sondern auch in den Fluß des Fragebogens, in die jeweilig passenden Fragenkomplexe, integriert werden."[9]

---

[7] Arzheimer, Kai / Klein, Markus (1998): Die Wirkung materieller Incentives auf den Rücklauf einer schriftlichen Panelbefragung: In ZA-Info Nr.43: .http://www.politik.unimainz.de/kai.Arzheimer/panel/ panel.html.
[8] Schnell, Rainer / Hill, Paul Bernhard / Esser, Elke (1995): Methoden der empirischen Sozialforschung. S. 334.
[9] Klein, Sabine / Porst, Rolf (2000): Mail Surveys - Ein Literaturbericht 10/2000, S. 29.

2.1.4. Die Erinnerungsschreiben

„Der Erstversand des Fragebogens sollte von einem Anschreiben begleitet sein, welches den Sinn und Nutzen der Befragung erklärt, individuell eingedruckte Adressen enthalten, das aktuelle Datum, die Paginierung der Fragebogen (mit Begründung) und bereits freigemachte und adressierte Rückumschläge."[10]

„Exakt eine Woche nach dem Erstversand erfolgt die Versendung einer wiederum individuell adressierten Postkarte, die sowohl als Danksagung für bisherige Teilnehmer wie auch als Erinnerungsschreiben für solche Personen dient, die bisher noch nicht reagiert haben."[11]

„Genau drei Wochen nach dem Erstversand, also zwei Wochen nach dem Erinnerungsschreiben, wird zum zweiten Mal nachgefaßt. Jetzt werden nur noch diejenigen Personen angeschrieben, die noch immer nicht reagiert haben. Sie erhalten nicht nur einen weiteren Fragebogen mit frankiertem und adressierten Rückumschlag, sondern auch ein neues Anschreiben, das die Inhalte des ursprünglichen noch eindringlicher betont und wiederholt."[12]

„Die dritte und zugleich letzte Nachfaßaktion wird sieben Wochen nach dem Erstversand, also vier Wochen nach der zweiten Nachfaßaktion per Einschreiben durchgeführt. Es werden wiederum ein modifiziertes Anschreiben und ein Fragebogen mit einem Rückumschlag verschickt."[13]

3. Tailored-Design-Methode

Obwohl sich die Total Design-Methode über viele Jahre in den europäischen und amerikanischen Umfragekontext bewährt hat, geht Dillmann von diesem Verfahren ab und wendet sich einem Verfahren zu, (...) „das er „tailored design mcthode" (TD) nennt und dessen Kernaussage im wesentlich darin besteht, daß Umfragen heutzutage nicht mehr effizient und sinnvoll mit nur einem Datenerhebungsverfahren durchgeführt werden können, sondern daß für die je-

---

[10] Klein, Sabine / Porst, Rolf (2000): Mail Surveys - Ein Literaturbericht 10/2000. S. 3.
[11] Schnell, Rainer / Hill, Paul Bernhard / Esser, Elke (1995): Methoden der empirischen Sozialforschung. S. 337.
[12] A.a.O., S. 337.
[13] A.a.O., S. 337.

6

weilige Befragung ein Datenerhebungsmix (mixed mode) maßgeschneidert werden muß."[14]

„Die Total Design-Methode, so Dillmann, hätte - sorgfältig ausgeführt - regelmäßig zu höheren Ausschöpfungen geführt als man üblicherweise bei mail surveys hätte erwarten können, doch hätten sich die Zeiten für Umfragen geändert. Deshalb entwickelt Dillmannn eben zu Beginn dieses 21. Jahrhunderts die von im als „tailored design" bezeichnete Vorgehensweise."[15]

„Ähnlich dem TDM basiert TD auf einem Set von Grundlagen und Prozeduren, die allen Umfragen gemein sind, die aber für bestimmte Populationen, bestimmte Sponsoren und bestimmte Inhalte näher zu beleuchten wären."[16] Wie die TDM basiert auch die neue TD-Methode auf einem austauschtheoretischen Modell der Befragung. Zentrale Prinzipien des austauschtheoretischen Modells sind wie bei TDM auch das Vermitteln von Nutzen (providing rewards), das Vermeiden von Kosten (reducing social costs) und das Schaffen von Vertrauen (establishing trust). Total design und tailored design basieren damit grundsätzlich auf dem gleichen theoretischen Modell der Befragung.

Ein Problem, das Dillmannn durchaus erkennt, ist die Frage nach der Vergleichbarkeit von Daten aus unterschiedlichen Befragungsmethoden. Auch wenn gerade dieses Argument eher dafür spreche, innerhalb einer Umfrage auf einen Methodenmix zu verzichten, sei das nicht immer möglich und auch nicht immer ratsam. Mixed mode surveys böten nämlich die Möglichkeit, mit dem einem Verfahren die Schwächen eines anderen Verfahrens auszugleichen.

„Jedoch sei damit eine Fülle von Problemen verbunden, hauptsächlich weil nicht auszuschließen sei, daß die gleichen Leute die gleichen Fragen bei unterschiedlichen Methoden unterschiedlich beantworteten."[17]

„Mixed mode surveys böten sich vor allem in den folgenden fünf Fällen an:

• **Erhebung der gleichen Daten bei unterschiedlichen Personen** (z. B. telefonische Befragung von Personen, die an einer schriftlichen Umfrage nicht teil-

---

14 Klein, Sabine / Porst, Rolf (2000): Mail Surveys - Ein Literaturbericht 10/2000. S. 30.
15 A.a.O., S. 30.
16 A.a.O., S. 31.
17 A.a.O., S. 31.

7

genommen haben, mit den gleichen Fragen, die auch in dem schriftlichen Fragebogen enthalten waren).

• **Erhebung von Paneldaten** (z. B. telefonische Befragung von Personen im Panel, die bei der ersten Welle aufgrund fehlender Telefonnummern postalisch befragt worden sind und dabei ihre Telefonnummer eingetragen haben)

• **Erhebung von unterschiedlichen Daten bei gleichen Befragungspersonen im Querschnitt** (zum Beispiel drop off nach einem persönlich-mündlichen Interview)

• **Erhebung von Vergleichsdaten zwischen unterschiedlichen Populationen** mit unterschiedlichen Befragungsverfahren, ggfs. noch zu unterschiedlichen Zeiten

• **Verwendung eines Verfahrens zur Komplimentierung der Daten aus einem anderen Verfahren** (z. B. telefonische Kontakte mit dem Ziel, zum Ausfüllen eines schriftlichen Fragebogens, der bereits zugesandt worden ist, zu motivieren).“[18]

Es stellt sich nun die Frage, warum sich Dillmann weg von einem einzigen durchgängigen Befragungsverfahren hin zu Mixe-Mode-Befragungen wendet. Ein erheblicher Grund ist darin zu sehen, dass sich ein Trend nach besseren Antworten, d.h. nach einer qualitativen Verbesserung der Antworten abzeichnet. „Dieser Trend wird durch unterschiedliche gesellschaftliche und technologische Entwicklungen der letzten zwanzig Jahre beeinflußt: Insgesamt zeichne sich die Gesellschaft heute durch ein sehr hohes Maß an Mobilität und eine Vielzahl komplexer Lebensbeziehungen aus.“[19] Deshalb seien manche Menschen oder Bevölkerungsgruppen besser mit dem einen, andere besser mit einem anderen Befragungsverfahren zu erreichen.

---

[18] vgl. Klein, Sabine / Porst, Rolf (2000): Mail Surveys - Ein Literaturbericht. 10/2000. S. 31.
[19] A.a.O., S.32.

4. Telefonumfrage

„Die allgemeinen Grundsätze bei der Frageformulierung und Fragebogenkonstruktion, wie sie für die postalische Befragung skizziert wurden, sind sicherlich auch bei Telefonumfragen anwendbar. Im Gegensatz zur Konstruktion eines Fragebogens für ein persönliches Interview oder eine postalische/schriftliche Befragung stellt die Konzeption einer Befragung als Telefoninterview jedoch besondere Bedürfnisse von Befragten und Interviewern in den Vordergrund."[20]
Bei der Telefonumfrage ist es Sinnvoll vorher einen Ankündigungsbrief zu versenden, das hat den Vorteil, dass die Verweigerungsraten in aller Regel sinken und die Daten Qualität des Telefoninterviews verbessert wird.

4.1. Die Übersichtlichkeit .

Bei der Konstruktion eines Fragebogens für eine Telefonumfrage, muss ein Fragebogen so aufgebaut werden, das er

• „die Bereitschaft eines Befragten zur Teilnahme am Telefoninterview weckt,

• den Interviewer befähigt, die Aufmerksamkeit des Befragten für die Gesamtdauer des Interviews auf sich zu ziehen,

• vom Interviewer leicht zu handhaben ist, um Interviewerfehler zu vermeiden und

• es dem Befragten leicht macht, dem gesamten Interview zu folgen."[21]

Wie in fast jeden Interview ist auch hier, die Einleitung zu einem Telefoninterview besonders wichtig. „Der Einleitungstext muß dabei Aufgaben erfüllen, die sonst durch die physische Präsenz des Interviewers oder durch die Aufmachung des Begleitbriefs bei einer postalischen Befragung erfüllt werden: die Schaffung von Vertrauen und die Förderung von Teilnahmebereitschaft beim

---

[20] Schnell, Rainer / Hill, Paul Bernhard / Esser, Elke (1995): Methoden der empirischen Sozialforschung. S. 343.
[21] A.a.O., S. 343.

Befragten."[22]

3.2. Die Fragen

Besonders wichtig bei einem Telefoninterview sind die ersten Fragen, die vom Interviewer gestellt werden. Diese sollen das geweckte Interesse das durch die Einleitung aufgebaut wurde, weiter beibehalten.

„Die erste Fragen sollten Themen bezogen, interessant und als geschlossene Frage leicht zu beantworten sein; die zweite Frage hingegen sollte mit offener Antwortmöglichkeit formuliert werden, um den Befragten gleichzeitig zu Beginn des Interviews die Möglichkeit zu bieten, eine eigene Meinung zu formulieren und seine „Telefonstimme" zu finden."[23]

Des weiteren ist schon bei der Fragebogenkonzeption darauf zu achten, dass möglichst kurze und einfache Fragen beim Interview gestellt werden können. Also keine langen und komplizierten Fragen, die das Interview in die Länge ziehen.

„Nicht nur zu lange Fragen, sondern auch die Vergabe zu vieler Antwortmöglichkeiten können den Befragten „belasten". (...) Es kann zu den so genannten „Response-Order-Effekt" kommen, d.h. die bevorzugte Auswahl der ersten oder letzten Antwortvorgabe, bekommt bei Telefoninterviews besondere Bedeutung, da in der Regel auch bei Wiederholung aller Antwortmöglichkeiten keine vollständige Erinnerung an alle Kategorien vorausgesetzt werden kann."[24]

Deshalb hat sich in der Praxis, das Aufbrechen einer Frage in Haupt- und eine differenzierende Folgefrage bewährt. „Diese so genannte „Zwei-Stufen-Technik" bietet sich immer dann an, wenn die Hauptfrage in ihren Antwortvorgaben eine klare Dichotomie enthält."[25]

---

[22] Schnell, Rainer / Hill, Paul Bernhard / Esser, Elke (1995): Methoden der empirischen Sozialforschung. S. 343.
[23] A.a.O., S. 343.
[24] A.a.O., S. 346.
[25] A.a.O., S. 346.

3.4. Die Durchführung

Bei der Durchführung einer Telefonumfrage, wird unterschieden zwischen zentralen und dezentralen Administrationsformen, wobei die Telefonumfrage möglichst in einen zentralen Telefonlabor durchgeführt werden sollte. Die Vorteile einer zentralen Telefonumfrage sind:

„• Interviewer können in allen Befragungsregionen eingesetzt werden,
• die Qualitätskontrolle ist mittels Supervision möglich,
• Fragen der Befragten oder der Interviewers können sofort durch den Supervisor oder den Projektleiter geklärt werden,
• bei auftauchender Probleme können „ Gegenmaßnahmen" sofort umgesetzt werden (z.b. Wegfall schlecht laufender Fragen),
• es stellt sich unmittelbar heraus, bei welchen Interviewern weitere Schulungen notwendig sind,
• die beteiligten können jederzeit feststellen, wie der Fragebogen vom Befragten eingeschätzt wird,
• Interviewers können bei Verweigerungen durch solche Interviewers wiederholt werden, die Erfahrung im Umgang mit Verweigerungen haben,
• Interviews können sofort nach Fertigstellung überprüft werden,
• Personaleinsparungen sind insbesondere auf der Ebene der Supervisor möglich."[26]

3.5. Das Auswahlverfahren

Das Auswahlverfahren erfolgt für Telefonsurveys in der Regel durch zwei unterschiedlichen Verfahren:
• Generierung von Telefonnummern aus zufälligen Zahlenkombinationen (Random-Digit-Dialing, RDD)
• Benutzung des Telefonbuchs zur Auswahl der Stichproben unter Verwendung eines einfachen Zufallsschlüssel.

---

[26]Schnell, Rainer / Hill, Paul Bernhard / Esser, Elke (1995): Methoden der empirischen Sozialforschung. S. 350.

4. Fazit

Zusammenfassend bleibt festzustellen, daß die postalische Befragung ein effektives Datenerhebungsverfahren ist, sofern der Forscher ihre Besonderheiten kennt und angemessen anwendet.

„Mit der Total-Design-Methode liegt - anders als bei anderen Datenerhebungsverfahren - ein elaboriertes System zur Optimierung postalischer Befragungen vor.

Die Total-Design-Methode kann durch Hilfsmittel und Techniken wie z. B. den Einsatz von incentives beim Erstversand der Befragungsunterlagen selbst noch optimiert werden. Die daraus resultierenden positiven Auswirkungen auf die Teilnahmebereitschaft und damit die Rücksendequote stehen außer Frage."[27]

„Daß die schriftliche Befragung innerhalb eines Methoden-Mix-Konzepts, wie es Dillmann mit der von ihm präsentierten tailored design-Methode vorstellt, erst recht ihren Platz im Konzert der Datenerhebungsverfahren sichern wird, steht außer Zweifel. Die tailored design-Methode schwächt den mail survey nicht, sondern erhöht seine Bedeutung."[28]

Die Vorteile einer Telefonumfrage liegen darin, dass in den meisten Ländern wo „Marktforschung" betrieben wird, fast jeder Haushalt einen Telefonanschluss besitzt. So kann meistens die gesamte Bevölkerung, durch das „Medium" Telefon erreicht werden. Im Telefongespräch sind die unerwünschten Verfälschungseffekte der „non-verbalen" Kommunikation zwischen Interviewer und Interviewtem geringer als z.B. im persönlichen Interview. Nicht zu unterschätzen sind auch die Wirtschaftlichen Vorteile. Der Interviewer muss den zu Befragenden nicht aufsuchen. Mehrfache Kontaktversuche und auch Interviews (Schriftlich oder Persönlich Befragungen), die in mehrere Zeitblöcke aufgeteilt durchgeführt werden, haben keine wesentlichen Kostenfolgen. Durch den Verfall der Telefongebühren im Verlauf der vergangenen zehn Jahre sind telefonische Befragungen auch weltweit kostengünstig möglich

Zu dem großen Nachteil der Telefonumfrage zählt die Erreichbarkeit der Bevölkerung. Die Erreichbarkeit über das Telefonnetz ist Schwankungen unterworfen, denn es gibt Personen, die nicht im Telefonbuch stehen, die mit mehreren Tele-

---

[27] Klein, Sabine / Porst, Rolf (2000): Mail Surveys - Ein Literaturbericht. 10/2000. S. 32.
[28] A.a.O., S. 32.

fonnummern/Anschlüssen eingetragen sind oder auch nur über einen Mobil-funkanschluss erreichbar sind.

5. Literatur

Schnell, Rainer / **Hill**, Paul Bernard / **Esser**, Elke (1995): Methoden der
empirischen Sozialforschung, München, Oldenbourg.

Elektronische Dokumente

Arzheimer, Kai / Klein, Markus (1998): Die Wirkung materieller Incentives auf
den Rücklauf einer schriftlichen Panelbefragung: In ZA-Info Nr. 43:
http://www.politik.uni-mainz.de/kai.arzheimer/panel/panel.html
(Zugriff, 23.11.05)

Klein, Sabine / Porst, Rolf, (2000): Mail Surveys - Ein Literaturbericht 10/2000,
Mannheim: In ZUMA:
http://www.gesis.org/publikationen/Berichte/ZUMA_Methodenberichte/documen
ts/pdfs/tb00_10.pdf .
(Zugriff, 19.11.05)

Wacker, Alois (2002): Zur Wirksamkeit der Total Design Methode (TDM) nach
Dillmann - am Beispiel der Hannoverschen Absolventenstudie:
http://www.sozpsy.uni-hannover.de/pdf/r%FCcklauf-absolventenstudie.PDF
(Zugriff, 29.11.05)